DESCUBRAMOS
PAÍSES DEL MUNDO

MW00963475

Descubramos
POLONIA

Kathleen Pohl

Consultora de lectura: Susan Nations, M.Ed.,
autora, consultora de alfabetización/consultora de desarrollo de la lectura

Gareth Stevens
Publishing

Please visit our web site at www.garethstevens.com.
For a free color catalog describing Gareth Stevens Publishing's list
of high-quality books, call 1-800-542-2595 (USA) or 1-800-387-3178 (Canada).
Gareth Stevens Publishing's fax: 1-877-542-2596

Library of Congress Cataloging-in-Publication Data

Pohl, Kathleen.
    [Looking at Poland. Spanish]
    Descubramos Polonia / Kathleen Pohl ; consultora de lectura, Susan Nations, M.Ed.
        p. cm. — (Descubramos países del mundo)
    Includes bibliographical references and index.
    ISBN-10: 0-8368-9068-X   ISBN-13: 978-0-8368-9068-6 (lib. bdg.)
    ISBN-10: 0-8368-9069-8   ISBN-13: 978-0-8368-9069-3 (softcover)
    1. Poland—Juvenile literature. I. Nations, Susan. II. Title.
DK4040.P5618   2009
943.8—dc22   2008020109

This edition first published in 2009 by
Gareth Stevens Publishing
A Weekly Reader® Company
1 Reader's Digest Road
Pleasantville, NY 10570-7000 USA

Senior Managing Editor: Lisa M. Herrington
Senior Editor: Barbara Bakowski
Creative Director: Lisa Donovan
Designer: Tammy West
Photo Researcher: Charlene Pinckney

Spanish Edition produced by A+ Media, Inc.
Editorial Director: Julio Abreu
Translators: Adriana Rosado-Bonewitz, Luis Albores
Associate Editors: Janina Morgan, Rosario Ortiz, Bernardo Rivera, Carolyn Schildgen
Graphic Design: Faith Weeks

Photo credits: (t=top, b=bottom, l=left, r=right, c=center)
Cover © Keren Su/Corbis; title page Shutterstock; p. 4 © lookGaleria/Alamy; p. 6 © Momatiuk-
Eastcott/Corbis; p. 7t Hellier Robert Harding World Imagery/Getty Images; p. 7b © blickwinkel/
Alamy; p. 8t © Paul Springett/Alamy; p. 8b © Caro/Alamy; p. 9 © age fotostock/SuperStock;
p. 10 © Jenny Matthews/Alamy; p. 11t © Steve Skjold/Alamy; p. 11b Czarek Sokolowski/AP;
p. 12 Piotr Malecki/Getty Images; p. 13t © mediacolor's/Alamy; p. 13b Piotr Malecki/Getty Images;
p. 14t © age fotostock/SuperStock; p. 14b © Lech Muszyński/PAP/Corbis; p. 15 © lookGaleria/
Alamy; p. 16 © Dallas and John Heaton/Free Agents Limited/Corbis; p. 17t © Atlantide
Phototravel/Corbis; p. 17b © Steve Skjold/Alamy; p. 18 © lookGaleria/Alamy; p. 19 Gehman/
National Geographic/Getty Images; p. 20t © Ryman Cabannes/photocuisine/Corbis;
p. 20b © Barry Lewis/Alamy; p. 21 Krzysztof Dydynski/Lonely Planet Images; p. 22 © JTB Photo
Communications, Inc./Alamy; p. 23t © Peter Andrews/Reuters/Corbis; p. 23b © Barbara
Ostrowska/PAP/Corbis; p. 24 Kacper Pampel/Reuters/Landov; p. 25t © Grzegorz Momot/PAP/
Corbis; p. 25b © Darek Delmanowicz/EPA/Corbis; pp. 26–27 Shutterstock (3)

Printed in the United States of America

1 2 3 4 5 6 7 8 9 11 10 09 08

Contenido

Las palabras definidas en el glosario están impresas en **negritas** la primera vez que aparecen en el texto.

¿Dónde está Polonia?

Polonia está en Europa central. Tiene frontera con siete países. Alemania está al oeste. Al sur están la República Checa y Eslovaquia. Sus vecinos al este son Ucrania, Belarús y Lituania. En el norte, Polonia tiene frontera con Rusia. Polonia tiene una **costa** sobre el mar Báltico.

Las fronteras de Polonia han cambiado a menudo con los años. ¡En ocasiones, hasta ha desaparecido del mapa!

Mar Báltico

POLONIA

EUROPA

Legisladores se reúnen en el edificio Sejm en Varsovia, la capital.

En este mapa se muestran todos los lugares mencionados en este libro.

Varsovia es la capital. Casi toda la ciudad fue dañada en una guerra hace unos 60 años. Algunas partes fueron reconstruidas para verse como antes. Hoy es una mezcla de castillos antiguos y edificios modernos.

El paisaje

Polonia tiene grandes extensiones de tierra plana llamadas **planicies**. Hay bosques y **ciénagas**. Las ciénagas son áreas de tierra húmeda y suave. Tiene miles de lagos pequeños en el norte. Playas de arena forman la costa del mar Báltico.

¿Lo sabías?

Una zona del norte se llama "La tierra de los mil lagos". Los lagos se formaron hace miles de años, en la Edad de Hielo. Entonces, casi toda Europa estaba cubierta de hielo.

Se aran y siembran tierras de cultivo a principios de la primavera.

El bisonte es el animal terrestre más grande de Europa. Alguna vez casi desapareció. Ahora está protegido.

Casi todos los polacos viven en las planicies centrales. Tierras de cultivo cubren la mayoría de esa zona. Ahí también están algunas de las ciudades más grandes. Varsovia está en el río Vístula. Es el río más largo de Polonia.

Las montañas se elevan en el suroeste. Son las montañas Sudetes, los montes Tatra y los Cárpatos. A muchas personas les gusta ir de excursión a las montañas. El pico Rysy es el punto más alto de Polonia.

Clima y estaciones

Polonia tiene cuatro estaciones: invierno, primavera, verano y otoño. El invierno es nublado y frío, con nieve o lluvia. Los meses más fríos son enero y febrero. La primavera es templada, ni muy caliente ni muy fría. Los veranos son cálidos y las tormentas eléctricas son comunes. Julio suele ser el mes más caliente y soleado. El otoño es fresco y soleado.

La lluvia es más común en el verano que en otras estaciones.

¡En el verano los polacos se divierten en el sol! Aquí, los bañistas se relajan en la playa del río Vístula.

Las montañas nevadas del sur son buenas para esquiar en invierno.

El clima es diferente de una región a otra. Es más templado en la costa. La costa recibe mucho sol en el verano. El clima es más frío y húmedo en las montañas. Algunos picos están cubiertos de nieve casi todo el año. La zona de lagos del norte suele ser nublada.

¿Lo sabías?

Zakopane se conoce como la "capital de invierno" polaca. Los polacos van al sur a este pueblo para esquiar.

Los polacos

Polonia es hogar de más de 38 millones de personas, llamadas polacos. Casi todos provienen de un grupo llamado **eslavos**. Hace miles de años, los eslavos se establecieron en la zona que ahora es Polonia. El idioma oficial es el polaco. Viene del antiguo idioma de los eslavos.

Los polacos celebran su historia con danzas y música. Bailan la **mazurca** y

Niñas en trajes tradicionales bailan en un festival en Cracovia.

A los polacos les gustan mucho las flores frescas. ¡En cada esquina se venden flores!

Casi todos los polacos son católicos romanos. Esta iglesia católica está en el pueblo de Zakopane.

la polca. En los festivales, se visten con trajes tradicionales coloridos. En días normales, la mayoría de los polacos se visten como las personas en otras ciudades de Europa.

A muchos polacos les gustan las flores. Las cultivan, las venden en las calles y las regalan. En primavera, algunas personas hacen recortes de papel con formas de flores.

La religión es muy importante para los polacos. La mayoría son católicos romanos. Pocos son protestantes, musulmanes o judíos.

Escuela y familia

Antes, sólo los hijos de familias ricas podían ir a la escuela. Hoy, todos los niños entre 6 y 18 años tienen que ir. El año escolar es de septiembre a junio.

Primero es la primaria. Después van a la secundaria, llamada **gimnasio**. Estudian matemáticas, historia y ciencias. Aprenden idiomas, como el inglés. Algunos jóvenes van a

¿Lo sabías?

Los polacos celebran el Día del abuelo en enero. Muchos niños hacen o compran tarjetas y regalos pequeños para sus abuelos.

Los domingos, muchas familias van al parque para tener picnics.

Esta familia se sienta a platicar y compartir alimentos ricos a la mesa.

escuelas de oficios para aprender destrezas nuevas. Otros van a la universidad.

La vida familiar es importante en Polonia. Niños, padres y abuelos pueden vivir bajo el mismo techo. En muchas familias ambos padres trabajan fuera de casa. Los domingos van a la iglesia y luego descansan. Las familias disfrutan de un día de campo o un paseo en un parque.

Vida rural

Más de la mitad de la tierra en Polonia se usa para cultivo. Muchas granjas son angostas y pequeñas. Las familias viven en las granjas o en aldeas pequeñas.

Los granjeros usan navajas filosas y curvas para cortar heno. Mujeres y niños lo colectan con rastrillo y lo apilan. Caballos halan el arado en el campo y carretas en los caminos.

Una aldea pequeña se encuentra entre angostas tierras de cultivo.

Trabajadores usan un tractor y una carreta para cosechar col.

¿Lo sabías?

En Polonia se crían más caballos que en cualquier otro país de Europa. De todas partes del mundo vienen a comprar caballos.

Polonia es famosa por sus caballos finos. Estos caballos árabes se han criado en Polonia por siglos.

Los granjeros cultivan cereales, betabel y col. Crían cerdos, reses y vacas lecheras también. Los granjeros trabajan muchas horas y la vida es difícil. Algunos sólo cultivan lo suficiente para sus familias. Muchos jóvenes se van a las ciudades a buscar otros trabajos.

Vida urbana

Seis de cada 10 personas viven en ciudades grandes. Varsovia es la más grande. Casi dos millones de personas viven en la capital. Es el centro de negocios y gobierno. Varsovia tiene edificios nuevos de oficinas y rascacielos, plazas antiguas y parques bonitos. La gente llena las calles y los mercados. Viajan en autobús, **tranvía**, bicicleta o motocicleta para ir al trabajo. Algunos conducen autos pequeños.

En las ciudades a menudo se viaja en tranvía al trabajo. Éste recorre la calle principal de Varsovia.

¿Lo sabías?

Los trenes conectan a las ciudades de Polonia. Tiene entre los mejores sistemas ferroviarios de Europa.

A las personas les gusta alimentar a las palomas en esta plaza de Cracovia. Con sus mercados y cafés, la plaza es un centro muy activo.

En los mercados venden frutas y vegetales frescos, como en éste de Cracovia.

Cracovia, en el sur, es otra ciudad grande. Alguna vez fue la capital. Está en el río Vístula. Aquí llegan de visita **turistas** de todo el mundo.

Gdansk es una ciudad en la costa del Báltico. Los barcos llevan y traen mercancías al país en este **puerto marítimo**. Las fábricas hacen químicos, máquinas, productos alimenticios y ropa.

Casas polacas

Polonia es un país con mucha gente. Falta vivienda. Muchos en las ciudades viven en apartamentos. La mayoría son pequeños, con pocas habitaciones. Muchos tienen un **balcón**, o porche superior.

En el campo, algunas personas viven en casas antiguas de madera o ladrillo.

Gansos caminan frente a esta casa de campo antigua en el noreste de Polonia.

Quizá sus abuelos vivieron ahí mismo. Casi todas las casas en el campo son cabañas de un piso. En general tienen de dos a cuatro habitaciones. La cocina puede tener una estufa de madera.

Algunas casas están hechas para dos o tres familias. Las casas cuadradas son de ladrillos o **concreto**. Una familia vive en cada piso. Cada familia tiene cocina, baño y habitaciones.

Comida polaca

Las familias campesinas cultivan la mayoría de su comida. Muchos polacos comen mucha carne y vegetales. La col y la papa son **alimentos básicos**, o comunes. Carne, salchichas, cerdo, jamón y pollo también son populares.

La sopa es el primer plato en la mayoría de las comidas. La sopa de betabel es la favorita.

Se compran salchichas polacas en un puesto en un mercado en Cracovia.

La sopa de betabel es popular en Polonia. Se sirve caliente o fría.

Si hay buen clima, los clientes llenan los cafés al aire libre en las ciudades.

Bigos es un estofado de salchicha, col y hongos. *Pierogi*, o **bolitas de masa**, también son populares. Por lo general, están rellenas de carne, col y hongos. A veces el relleno es de queso, papa o fruta.

En las ciudades, las personas compran frutas y vegetales frescos en mercados. Comen en cafés y restaurantes. Muchas disfrutan de comida rápida, como pizza y hamburguesas.

El trabajo

Muchas personas trabajan en servicios. Pueden trabajar en escuelas, oficinas y bancos. Algunas son doctores o enfermeras. Otras trabajan en restaurantes, hoteles y parques.

Algunos polacos trabajan en la **industria**. Hacen máquinas o barcos. Algunos trabajan en fábricas o acerías.

Muchos polacos son mineros. Trabajan en minas de carbón, cobre o sal. El carbón es el

Cada año, más de un millón de turistas visitan esta famosa mina de sal. Todas sus habitaciones, incluso esta capilla, están esculpidas en la sal. La capilla se hace oración.

Trabajadores hacen barcos enormes en Gdansk, un puerto marítimo muy activo en la costa norte.

Sobre la costa del Báltico, los barcos pesqueros salen a pescar bacalao.

recurso natural más importante de Polonia. Un **recurso natural** es algo que da la naturaleza y usan las personas. El carbón se quema como combustible y se usa para hacer acero.

En el campo, la mayoría son granjeros. Otros son madereros que cortan árboles en los bosques. Los bosques cubren casi un tercio de Polonia. Muchos que viven cerca de la costa son pescadores.

La diversión

A la gente le gustan acampar y pescar. Les gustan ir de excursión y esquiar en las montañas. También montan en bicicleta y a caballo. Los veleros son un **pasatiempo** popular en el mar Báltico. A muchas personas también les gusta remar en canoas en los lagos del norte.

Los polacos son muy aficionados a los deportes. Llenan estadios para ver partidos de fútbol. Niños de todas las edades lo juegan. Ven básquetbol y boxeo por televisión. Atletas polacos han competido en los Juegos Olímpicos. Muchos han ganado medallas.

¡A todos los niños les gusta jugar en la nieve! Zakopane es un lugar popular para divertirse en el invierno.

Bailarinas interpretan un ballet en un castillo antiguo cerca de Varsovia. A muchos les gustan la música y el baile.

Por cientos de años, las mujeres de las aldeas han hecho encajes. Tejen modelos elegantes para hacer manteles y ropa. Cosen diseños bonitos en cojines y trajes tradicionales. Los hombres tallan cajas y cucharas de madera.

En las ciudades, muchos van al cine, teatro y festivales. Les gusta todo tipo de música. Clásica, jazz y rock son populares. Los conciertos al aire libre son comunes en Varsovia, Cracovia y otras ciudades. También les gustan los museos. Otros gustan de **ópera** y ballet.

Polonia: Datos

- Se convirtió en **república** en 1918. Su nombre oficial es República de Polonia.

- El presidente es el **jefe de estado**. El **primer ministro** es la cabeza del gobierno. Las leyes se hacen en la Asamblea Nacional. La Asamblea Nacional la forman el Senado y el Sejm.

- Los ciudadanos polacos mayores de 18 años pueden votar. Las elecciones presidenciales son cada cinco años.

- Polonia es una tierra muy antigua que alguna vez fue gobernada por reyes.

- Polonia se integró a la Unión Europea en 2004. Los países de la Unión Europea se reúnen con frecuencia para trabajar en áreas como el comercio y la migración.

La bandera polaca tiene dos franjas: roja y blanca. La blanca significa honestidad y amabilidad. La roja, valentía.

• Muchas personas famosas son de Polonia. Marie Curie nació en Varsovia. Hizo descubrimientos importantes. Federico Chopin fue un gran compositor de música clásica. Nicolás Copérnico, un científico polaco, es mejor conocido como "el padre de la astronomía".

La moneda de Polonia es el **zloty**. Se espera que el país cambie al **euro** en los próximos cinco años.

Una bandera con un águila cuelga de un edificio del municipio. El ave es el símbolo nacional de Polonia.

Glosario

alimentos básicos — alimentos comunes en la dieta de las personas

balcón — un porche exterior en un piso superior de un edificio

bolitas de masa —se hierven o cocinan al vapor, y algunas veces van rellenas de carne, vegetales o fruta

capilla — una habitación usada para orar

ciénagas — áreas de tierra húmeda con plantas que se pudren

concreto — un material de construcción fuerte y sólido

costa — una zona de tierra que limita con una extensión grande de agua, como un océano o mar

eslavos — un grupo de personas que se establecieron en Polonia y la República Checa hace miles de años

euro — moneda de la mayoría de los países de la Unión Europea

gimnasio — escuela secundaria en Polonia y otros países europeos

industria — un negocio en el que se hacen mercancías o productos

jefe de estado — el representante principal de un país

mazurca — un baile típico polaco

ópera — obra de teatro con música

pasatiempo — una actividad divertida que la gente hace en su tiempo libre

planicies — grandes extensiones planas de tierra

primer ministro — la persona que maneja las actividades diarias del gobierno

puerto marítimo — un lugar en la costa donde los barcos cargan y descargan mercancías y pasajeros

recurso natural — cosas que da la naturaleza, como bosques y minerales, que usan las personas

república — forma de gobierno en la que las decisiones las toman el pueblo de un país y sus representantes

tranvía — vehículo que transporta personas en las ciudades. Los tranvías circulan en rieles o cables fuertes superiores.

turistas — personas que visitan lugares por diversión

zloty — moneda de Polonia

Para más información

Kids Konnect: Poland

www.kidskonnect.com/content/view/329/27

Encyclopedia FunTrivia: Poland

www.funtrivia.com/en/Geography/Poland-4058.html

Polish-American Heritage: The Art of Polish Paper Cutting

www.info-poland.buffalo.edu/classroom/wycinanki/text.html

Nota del editor para educadores y padres: Nuestros editores han revisado meticulosamente estos sitios Web para asegurarse de que sean apropiados para niños. Sin embargo, muchos sitios Web cambian con frecuencia, y no podemos asegurar que el contenido futuro de los sitios seguirá satisfaciendo nuestros estándares altos de calidad y valor educativo. Se le advierte que se debe supervisar estrechamente a los niños siempre que tengan acceso al Internet.

Mi mapa de Polonia

Fotocopia o calca el mapa de la página 31. Después escribe los nombres de los países, extensiones de agua, ciudades y montañas que se listan a continuación. (Mira el mapa que aparece en la página 5 si necesitas ayuda.)

Después de escribir los nombres de todos los lugares, ¡colorea el mapa con crayones!

Países
Alemania
Belarús
Eslovaquia
Lituania
Polonia
República Checa
Rusia
Ucrania

Extensiones de agua
mar Báltico
río Vístula

Ciudades
Cracovia
Gdansk
Varsovia
Zakopane

Montañas
montañas Sudetes
montes Cárpatos
montes Tatra
pico Rysy

Índice